Libro di bordo del progetto di cucito

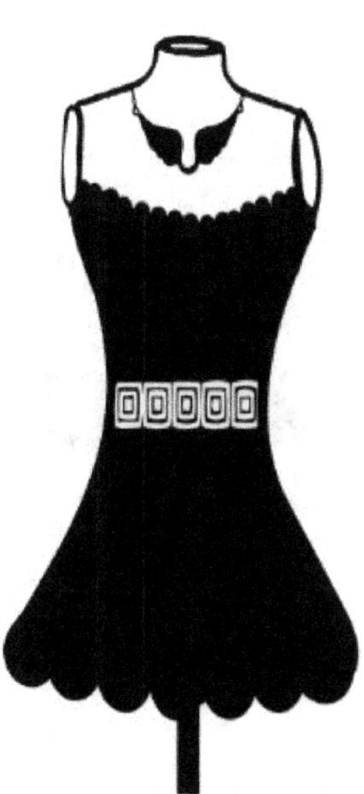

Traccia di taglio per registrare i progetti di cucito
- regalo perfetto per gli appassionati di cucito

Libro di bordo
del progetto di cucito

DETTAGLI

PROGETTO ....

CRCREATO PER ....

DATA INIZIO .... DATA COMPLETATA ....

ARTICOLO .... QQUANTIT ....

PREZZO .... DEPOSITO PAGATO .... SALDO PAGATO ....

MODELLO UTILIZZATO ....

MATERIALI
DI CONSUMO NECESSARI ....

SCHEDA / FOTO

NOTE SUPPLEMENTARI

....
....
....
....
....
....
....
....

Traccia di taglio per registrare i progetti di cucito
- regalo perfetto per gli appassionati di cucito

Traccia di taglio per registrare i progetti di cucito
- regalo perfetto per gli appassionati di cucito

DETTAGLI

PROGETTO ....

CRCREATO PER ....

DATA INIZIO .... **DATA COMPLETATA** ....

ARTICOLO .... **QQUANTIT** ....

PREZZO .... **DEPOSITO PAGATO** .... **SALDO PAGATO**

MODELLO UTILIZZATO ....

MATERIALI DI CONSUMO NECESSARI ....

SCHEDA / FOTO

NOTE SUPPLEMENTARI

....
....
....
....
....
....
....
....

Libro di bordo
del progetto di cucito

Libro di bordo
del progetto di cucito

DETTAGLI

PROGETTO ....

CRCREATO PER ....

DATA INIZIO .... DATA COMPLETATA ....

ARTICOLO .... QQUANTIT ....

PREZZO .... DEPOSITO PAGATO .... SALDO PAGATO ....

MODELLO UTILIZZATO ....

MATERIALI
DI CONSUMO NECESSARI ....

SCHEDA / FOTO

NOTE SUPPLEMENTARI

....
....
....
....
....
....
....

Traccia di taglio per registrare i progetti di cucito
- regalo perfetto per gli appassionati di cucito

DETTAGLI

PROGETTO ....

CRCREATO PER ....

DATA INIZIO .... **DATA COMPLETATA** ....

ARTICOLO .... **QQUANTIT** ....

PREZZO .... **DEPOSITO PAGATO** .... **SALDO PAGATO** ....

MODELLO UTILIZZATO ....

MATERIALI DI CONSUMO NECESSARI ....

SCHEDA / FOTO

NOTE SUPPLEMENTARI

....
....
....
....
....
....
....
....

Libro di bordo
del progetto di cucito

Libro di bordo del progetto di cucito

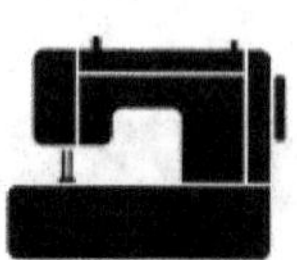

DETTAGLI

PROGETTO ....

CRCREATO PER ....

DATA INIZIO .... DATA COMPLETATA ....

ARTICOLO .... QQUANTIT ....

PREZZO .... DEPOSITO PAGATO .... SALDO PAGATO ....

MODELLO UTILIZZATO ....

MATERIALI DI CONSUMO NECESSARI ....

SCHEDA / FOTO

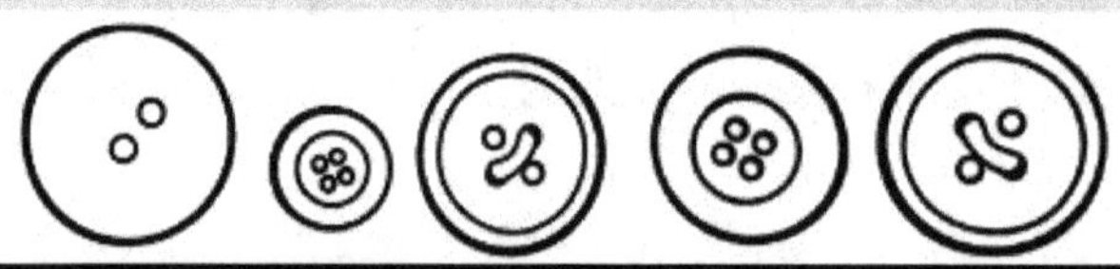

NOTE SUPPLEMENTARI

....
....
....
....
....
....
....

Traccia di taglio per registrare i progetti di cucito
- regalo perfetto per gli appassionati di cucito

Traccia di taglio per registrare i progetti di cucito
- regalo perfetto per gli appassionati di cucito

DETTAGLI

PROGETTO ....

CRCREATO PER ....

DATA INIZIO .... **DATA COMPLETATA** ....

ARTICOLO .... **QQUANTIT** ....

PREZZO .... **DEPOSITO PAGATO** .... **SALDO PAGATO** ....

MODELLO UTILIZZATO ....

MATERIALI DI CONSUMO NECESSARI ....

SCHEDA / FOTO

NOTE SUPPLEMENTARI

....
....
....
....
....
....
....

Libro di bordo
del progetto di cucito

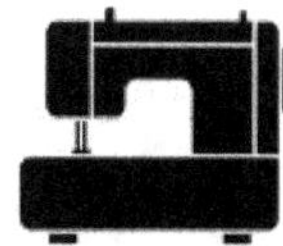

Libro di bordo del progetto di cucito

DETTAGLI

PROGETTO ....

CRCREATO PER ....

DATA INIZIO .... DATA COMPLETATA ....

ARTICOLO .... QQUANTIT ....

PREZZO .... DEPOSITO PAGATO .... SALDO PAGATO ....

MODELLO UTILIZZATO ....

MATERIALI DI CONSUMO NECESSARI ....

SCHEDA / FOTO

NOTE SUPPLEMENTARI

....
....
....
....
....
....
....

Traccia di taglio per registrare i progetti di cucito
- regalo perfetto per gli appassionati di cucito

Traccia di taglio per registrare i progetti di cucito
- regalo perfetto per gli appassionati di cucito

DETTAGLI

PROGETTO ....

CRCREATO PER ....

DATA INIZIO .... DATA COMPLETATA ....

ARTICOLO .... QQUANTIT ....

PREZZO .... DEPOSITO PAGATO .... SALDO PAGATO ....

MODELLO UTILIZZATO ....

MATERIALI DI CONSUMO NECESSARI ....

SCHEDA / FOTO

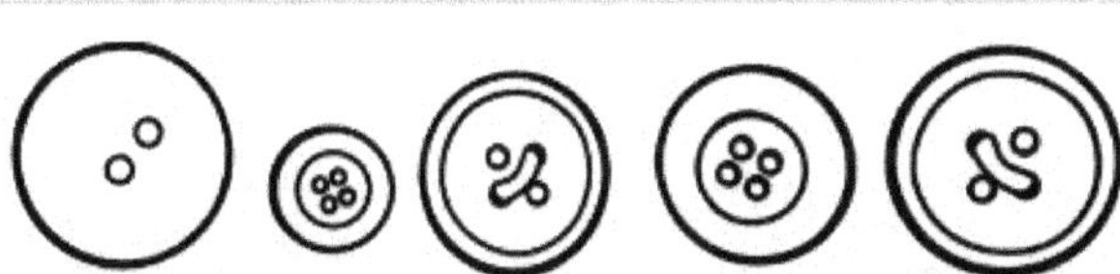

NOTE SUPPLEMENTARI

....
....
....
....
....
....
....
....

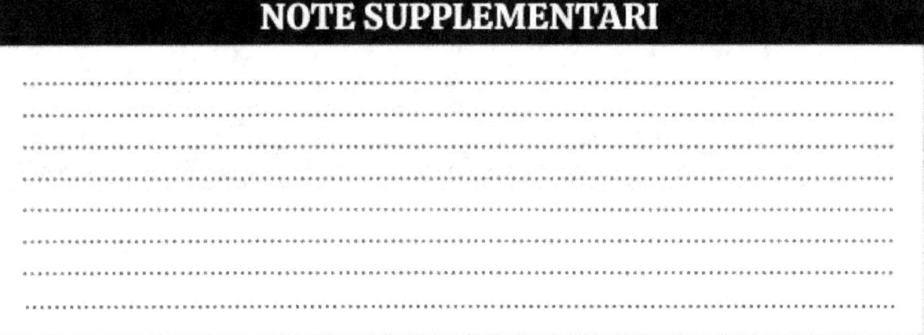

Libro di bordo
del progetto di cucito

Libro di bordo del progetto di cucito

DETTAGLI

PROGETTO ....

CRCREATO PER ....

DATA INIZIO .... **DATA COMPLETATA** ....

ARTICOLO .... **QQUANTIT** ....

PREZZO .... **DEPOSITO PAGATO** .... **SALDO PAGATO** ....

MODELLO UTILIZZATO ....

MATERIALI DI CONSUMO NECESSARI ....

SCHEDA / FOTO

NOTE SUPPLEMENTARI

....
....
....
....
....
....
....

Traccia di taglio per registrare i progetti di cucito
- regalo perfetto per gli appassionati di cucito

Traccia di taglio per registrare i progetti di cucito
- regalo perfetto per gli appassionati di cucito

DETTAGLI

PROGETTO ....

CRCREATO PER ....

DATA INIZIO .... **DATA COMPLETATA** ....

ARTICOLO .... **QQUANTIT** ....

PREZZO .... **DEPOSITO PAGATO** .... **SALDO PAGATO** ....

MODELLO UTILIZZATO ....

MATERIALI DI CONSUMO NECESSARI ....

SCHEDA / FOTO

NOTE SUPPLEMENTARI

....
....
....
....
....
....
....
....

Libro di bordo
del progetto di cucito

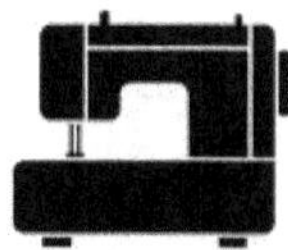

Libro di bordo
del progetto di cucito 

DETTAGLI

PROGETTO ....

CRCREATO PER ....

DATA INIZIO .... DATA COMPLETATA ....

ARTICOLO .... QQUANTIT ....

PREZZO .... DEPOSITO PAGATO .... SALDO PAGATO ....

MODELLO UTILIZZATO ....

MATERIALI
DI CONSUMO NECESSARI ....

SCHEDA / FOTO

NOTE SUPPLEMENTARI

....
....
....
....
....
....
....

Traccia di taglio per registrare i progetti di cucito
- regalo perfetto per gli appassionati di cucito

Traccia di taglio per registrare i progetti di cucito
- regalo perfetto per gli appassionati di cucito

DETTAGLI

PROGETTO ....

CRCREATO PER ....

DATA INIZIO .... **DATA COMPLETATA** ....

ARTICOLO .... **QQUANTIT** ....

PREZZO .... **DEPOSITO PAGATO** .... **SALDO PAGATO** ....

MODELLO UTILIZZATO ....

MATERIALI DI CONSUMO NECESSARI ....

SCHEDA / FOTO

NOTE SUPPLEMENTARI

....
....
....
....
....
....
....
....

Libro di bordo
del progetto di cucito

Libro di bordo del progetto di cucito

DETTAGLI

PROGETTO ....

CRCREATO PER ....

DATA INIZIO .... DATA COMPLETATA ....

ARTICOLO .... QQUANTIT ....

PREZZO .... DEPOSITO PAGATO .... SALDO PAGATO ....

MODELLO UTILIZZATO ....

MATERIALI DI CONSUMO NECESSARI ....

SCHEDA / FOTO

NOTE SUPPLEMENTARI

....

....

....

....

....

....

....

....

Traccia di taglio per registrare i progetti di cucito
- regalo perfetto per gli appassionati di cucito

Traccia di taglio per registrare i progetti di cucito
- regalo perfetto per gli appassionati di cucito

DETTAGLI

PROGETTO ....

CRCREATO PER ....

DATA INIZIO .... DATA COMPLETATA ....

ARTICOLO .... QQUANTIT ....

PREZZO .... DEPOSITO PAGATO .... SALDO PAGATO ....

MODELLO UTILIZZATO ....

MATERIALI
DI CONSUMO NECESSARI ....

SCHEDA / FOTO

NOTE SUPPLEMENTARI

....
....
....
....
....
....
....
....

Libro di bordo
del progetto di cucito 

Libro di bordo
del progetto di cucito

DETTAGLI

PROGETTO ....

CRCREATO PER ....

DATA INIZIO .... DATA COMPLETATA ....

ARTICOLO .... QQUANTIT ....

PREZZO .... DEPOSITO PAGATO .... SALDO PAGATO ....

MODELLO UTILIZZATO ....

MATERIALI DI CONSUMO NECESSARI ....

SCHEDA / FOTO

NOTE SUPPLEMENTARI

....
....
....
....
....
....
....
....

Traccia di taglio per registrare i progetti di cucito
- regalo perfetto per gli appassionati di cucito

Traccia di taglio per registrare i progetti di cucito
- regalo perfetto per gli appassionati di cucito

DETTAGLI

PROGETTO ....

CRCREATO PER ....

DATA INIZIO .... DATA COMPLETATA ....

ARTICOLO .... QQUANTIT ....

PREZZO .... DEPOSITO PAGATO .... SALDO PAGATO ....

MODELLO UTILIZZATO ....

MATERIALI
DI CONSUMO NECESSARI ....

SCHEDA / FOTO

NOTE SUPPLEMENTARI

....
....
....
....
....
....
....
....

Libro di bordo
del progetto di cucito

Libro di bordo del progetto di cucito

DETTAGLI

PROGETTO ....

CRCREATO PER ....

DATA INIZIO .... DATA COMPLETATA ....

ARTICOLO .... QQUANTIT ....

PREZZO .... DEPOSITO PAGATO .... SALDO PAGATO ....

MODELLO UTILIZZATO ....

MATERIALI DI CONSUMO NECESSARI ....

SCHEDA / FOTO

NOTE SUPPLEMENTARI

....
....
....
....
....
....
....

Traccia di taglio per registrare i progetti di cucito
- regalo perfetto per gli appassionati di cucito

Traccia di taglio per registrare i progetti di cucito
- regalo perfetto per gli appassionati di cucito

DETTAGLI

PROGETTO ....

CRCREATO PER ....

DATA INIZIO .... **DATA COMPLETATA** ....

ARTICOLO .... **QQUANTIT** ....

PREZZO .... **DEPOSITO PAGATO** .... **SALDO PAGATO** ....

MODELLO UTILIZZATO ....

MATERIALI DI CONSUMO NECESSARI ....

SCHEDA / FOTO

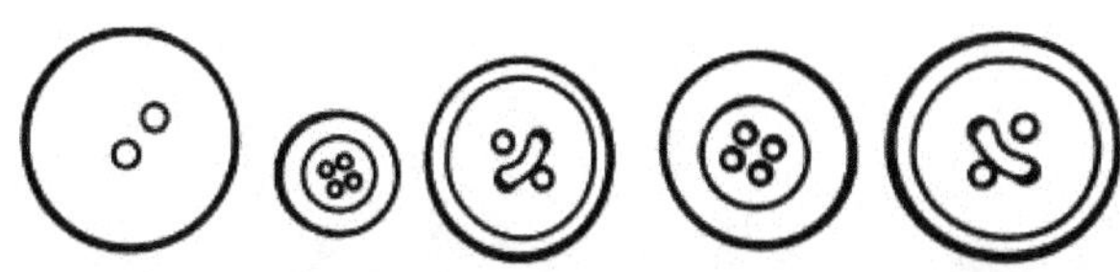

NOTE SUPPLEMENTARI

....
....
....
....
....
....
....
....

Libro di bordo
del progetto di cucito 

Libro di bordo
del progetto di cucito

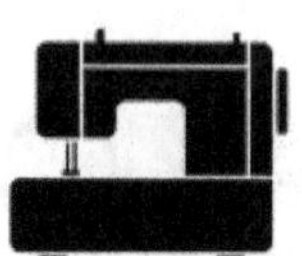

DETTAGLI

PROGETTO ....

CRCREATO PER ....

DATA INIZIO .... DATA COMPLETATA ....

ARTICOLO .... QQUANTIT ....

PREZZO .... DEPOSITO PAGATO .... SALDO PAGATO ....

MODELLO UTILIZZATO ....

MATERIALI
DI CONSUMO NECESSARI ....

SCHEDA / FOTO

NOTE SUPPLEMENTARI

....
....
....
....
....
....
....

Traccia di taglio per registrare i progetti di cucito
- regalo perfetto per gli appassionati di cucito

Traccia di taglio per registrare i progetti di cucito
- regalo perfetto per gli appassionati di cucito

DETTAGLI

PROGETTO ....

CRCREATO PER ....

DATA INIZIO .... DATA COMPLETATA ....

ARTICOLO .... QQUANTIT ....

PREZZO .... DEPOSITO PAGATO .... SALDO PAGATO ....

MODELLO UTILIZZATO ....

MATERIALI DI CONSUMO NECESSARI ....

SCHEDA / FOTO

NOTE SUPPLEMENTARI

....
....
....
....
....
....
....

Libro di bordo
del progetto di cucito

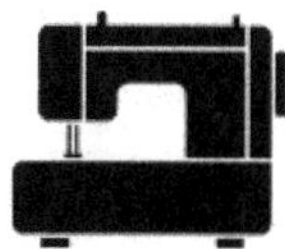

Libro di bordo del progetto di cucito

DETTAGLI

PROGETTO ....

CRCREATO PER ....

DATA INIZIO .... DATA COMPLETATA ....

ARTICOLO .... QQUANTIT ....

PREZZO .... DEPOSITO PAGATO .... SALDO PAGATO ....

MODELLO UTILIZZATO ....

MATERIALI DI CONSUMO NECESSARI ....

SCHEDA / FOTO

NOTE SUPPLEMENTARI

....
....
....
....
....
....
....
....

Traccia di taglio per registrare i progetti di cucito
- regalo perfetto per gli appassionati di cucito

DETTAGLI

PROGETTO ....

CRCREATO PER ....

DATA INIZIO .... **DATA COMPLETATA** ....

ARTICOLO .... **QQUANTIT** ....

PREZZO .... **DEPOSITO PAGATO** .... **SALDO PAGATO** ....

MODELLO UTILIZZATO ....

MATERIALI DI CONSUMO NECESSARI ....

SCHEDA / FOTO

NOTE SUPPLEMENTARI

....
....
....
....
....
....
....
....

Libro di bordo
del progetto di cucito

Libro di bordo del progetto di cucito

DETTAGLI

PROGETTO ....

CRCREATO PER ....

DATA INIZIO .... DATA COMPLETATA ....

ARTICOLO .... QQUANTIT ....

PREZZO .... DEPOSITO PAGATO .... SALDO PAGATO ....

MODELLO UTILIZZATO ....

MATERIALI DI CONSUMO NECESSARI ....

SCHEDA / FOTO

NOTE SUPPLEMENTARI

....

....

....

....

....

....

....

Traccia di taglio per registrare i progetti di cucito
- regalo perfetto per gli appassionati di cucito

DETTAGLI

PROGETTO ....

CRCREATO PER ....

DATA INIZIO .... DATA COMPLETATA ....

ARTICOLO .... QQUANTIT ....

PREZZO .... DEPOSITO PAGATO .... SALDO PAGATO ....

MODELLO UTILIZZATO ....

MATERIALI
DI CONSUMO NECESSARI ....

SCHEDA / FOTO

NOTE SUPPLEMENTARI

....
....
....
....
....
....
....
....

Libro di bordo
del progetto di cucito 

Libro di bordo del progetto di cucito

PROGETTO ....

CRCREATO PER ....

DATA INIZIO .... **DATA COMPLETATA** ....

ARTICOLO .... **QQUANTIT** ....

PREZZO .... **DEPOSITO PAGATO** .... **SALDO PAGATO** ....

MODELLO UTILIZZATO ....

MATERIALI DI CONSUMO NECESSARI ....

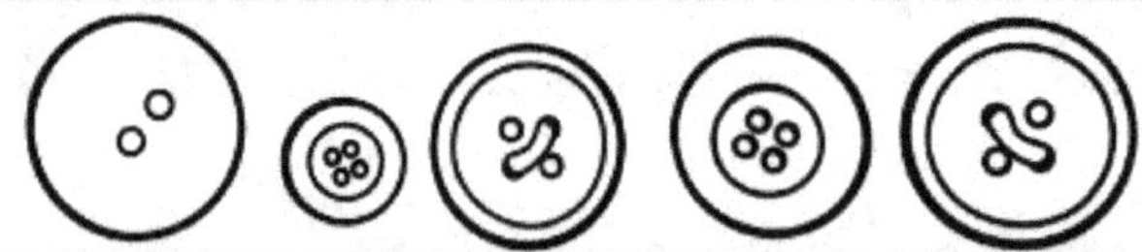

....
....
....
....
....
....
....

Traccia di taglio per registrare i progetti di cucito
- regalo perfetto per gli appassionati di cucito

Traccia di taglio per registrare i progetti di cucito
- regalo perfetto per gli appassionati di cucito

DETTAGLI

PROGETTO ....

CRCREATO PER ....

DATA INIZIO .... **DATA COMPLETATA** ....

ARTICOLO .... **QQUANTIT** ....

PREZZO .... **DEPOSITO PAGATO** .... **SALDO PAGATO**

MODELLO UTILIZZATO ....

MATERIALI DI CONSUMO NECESSARI ....

SCHEDA / FOTO

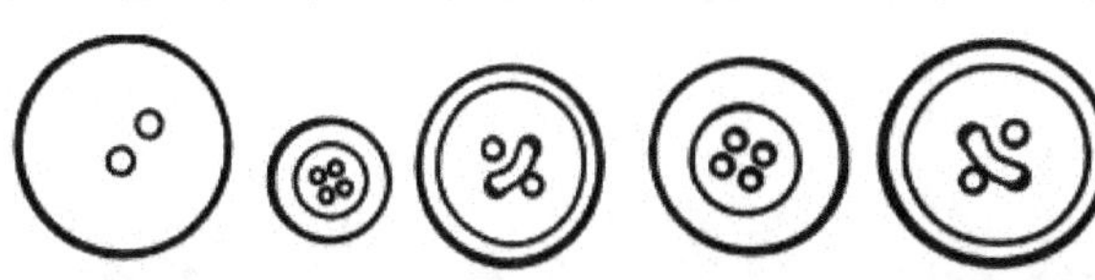

NOTE SUPPLEMENTARI

....
....
....
....
....
....
....
....

Libro di bordo
del progetto di cucito 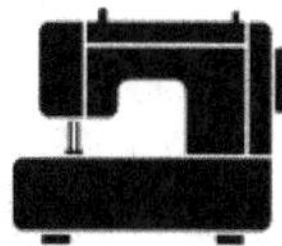

Libro di bordo del progetto di cucito

DETTAGLI

PROGETTO ....

CRCREATO PER ....

DATA INIZIO .... **DATA COMPLETATA** ....

ARTICOLO .... **QQUANTIT** ....

PREZZO .... **DEPOSITO PAGATO** .... **SALDO PAGATO** ....

MODELLO UTILIZZATO ....

MATERIALI DI CONSUMO NECESSARI ....

SCHEDA / FOTO

NOTE SUPPLEMENTARI

....
....
....
....
....
....

Traccia di taglio per registrare i progetti di cucito
- regalo perfetto per gli appassionati di cucito

Traccia di taglio per registrare i progetti di cucito
- regalo perfetto per gli appassionati di cucito

DETTAGLI

PROGETTO ....

CRCREATO PER ....

DATA INIZIO .... **DATA COMPLETATA** ....

ARTICOLO .... **QQUANTIT** ....

PREZZO .... **DEPOSITO PAGATO** .... **SALDO PAGATO** ....

MODELLO UTILIZZATO ....

MATERIALI DI CONSUMO NECESSARI ....

SCHEDA / FOTO

NOTE SUPPLEMENTARI

Libro di bordo
del progetto di cucito

Libro di bordo del progetto di cucito

DETTAGLI

PROGETTO ....

CRCREATO PER ....

DATA INIZIO .... **DATA COMPLETATA** ....

ARTICOLO .... **QQUANTIT** ....

PREZZO .... **DEPOSITO PAGATO** .... **SALDO PAGATO** ....

MODELLO UTILIZZATO ....

MATERIALI DI CONSUMO NECESSARI ....

SCHEDA / FOTO

NOTE SUPPLEMENTARI

....
....
....
....
....
....
....

Traccia di taglio per registrare i progetti di cucito
- regalo perfetto per gli appassionati di cucito

Traccia di taglio per registrare i progetti di cucito
- regalo perfetto per gli appassionati di cucito

DETTAGLI

PROGETTO ....

CRCREATO PER ....

DATA INIZIO .... DATA COMPLETATA ....

ARTICOLO .... QQUANTIT ....

PREZZO .... **DEPOSITO PAGATO** .... **SALDO PAGATO** ....

MODELLO UTILIZZATO ....

MATERIALI
DI CONSUMO NECESSARI ....

SCHEDA / FOTO

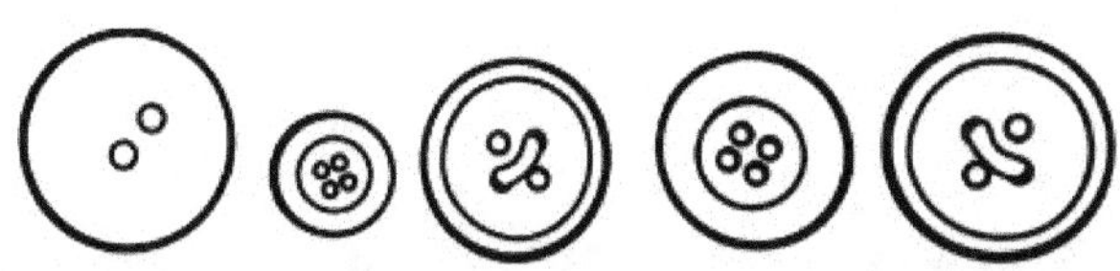

NOTE SUPPLEMENTARI

....
....
....
....
....
....
....

Libro di bordo
del progetto di cucito 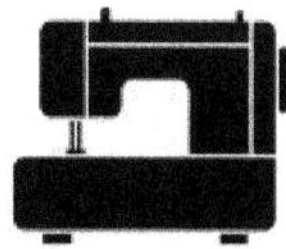

Libro di bordo del progetto di cucito

DETTAGLI

PROGETTO ....

CRCREATO PER ....

DATA INIZIO .... DATA COMPLETATA ....

ARTICOLO .... QQUANTIT ....

PREZZO .... DEPOSITO PAGATO .... SALDO PAGATO ....

MODELLO UTILIZZATO ....

MATERIALI DI CONSUMO NECESSARI ....

SCHEDA / FOTO

NOTE SUPPLEMENTARI

....
....
....
....
....
....
....
....

Traccia di taglio per registrare i progetti di cucito
- regalo perfetto per gli appassionati di cucito

DETTAGLI

PROGETTO ....

CRCREATO PER ....

DATA INIZIO .... **DATA COMPLETATA** ....

ARTICOLO .... **QQUANTIT** ....

PREZZO .... **DEPOSITO PAGATO** .... **SALDO PAGATO** ....

MODELLO UTILIZZATO ....

MATERIALI DI CONSUMO NECESSARI ....

SCHEDA / FOTO

NOTE SUPPLEMENTARI

....
....
....
....
....
....
....
....

Libro di bordo
del progetto di cucito

Libro di bordo del progetto di cucito

DETTAGLI

PROGETTO ....

CRCREATO PER ....

DATA INIZIO .... **DATA COMPLETATA** ....

ARTICOLO .... **QQUANTIT** ....

PREZZO .... **DEPOSITO PAGATO** .... **SALDO PAGATO** ....

MODELLO UTILIZZATO ....

MATERIALI DI CONSUMO NECESSARI ....

SCHEDA / FOTO

NOTE SUPPLEMENTARI

....
....
....
....
....
....
....

Traccia di taglio per registrare i progetti di cucito
- regalo perfetto per gli appassionati di cucito

Traccia di taglio per registrare i progetti di cucito
- regalo perfetto per gli appassionati di cucito

DETTAGLI

PROGETTO ....

CRCREATO PER ....

DATA INIZIO .... **DATA COMPLETATA** ....

ARTICOLO .... **QQUANTIT** ....

PREZZO .... **DEPOSITO PAGATO** .... **SALDO PAGATO** ....

MODELLO UTILIZZATO ....

MATERIALI DI CONSUMO NECESSARI ....

SCHEDA / FOTO

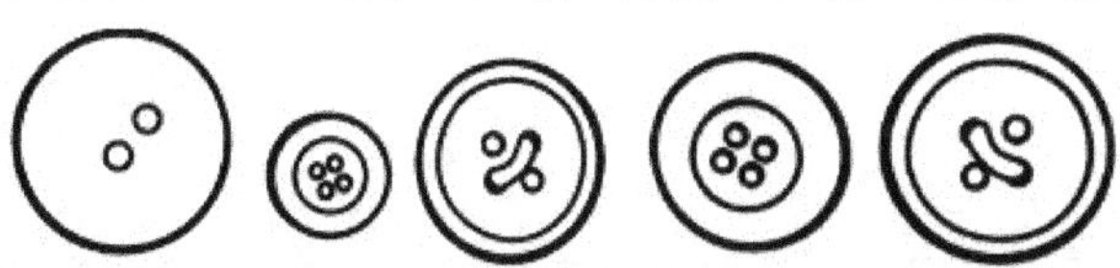

NOTE SUPPLEMENTARI

....
....
....
....
....
....
....
....

Libro di bordo
del progetto di cucito 

Libro di bordo
del progetto di cucito 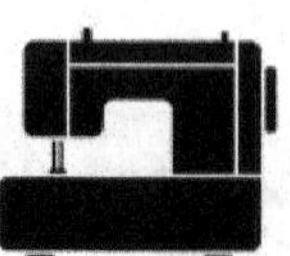

DETTAGLI

PROGETTO ....

CRCREATO PER ....

DATA INIZIO .... **DATA COMPLETATA** ....

ARTICOLO .... **QQUANTIT** ....

PREZZO .... **DEPOSITO PAGATO** .... **SALDO PAGATO** ....

MODELLO UTILIZZATO ....

MATERIALI DI CONSUMO NECESSARI ....

SCHEDA / FOTO

NOTE SUPPLEMENTARI

....
....
....
....
....
....
....

Traccia di taglio per registrare i progetti di cucito
- regalo perfetto per gli appassionati di cucito

Traccia di taglio per registrare i progetti di cucito
- regalo perfetto per gli appassionati di cucito

DETTAGLI

PROGETTO ....

CRCREATO PER ....

DATA INIZIO .... **DATA COMPLETATA** ....

ARTICOLO .... **QQUANTIT** ....

PREZZO .... **DEPOSITO PAGATO** .... **SALDO PAGATO** ....

MODELLO UTILIZZATO ....

MATERIALI DI CONSUMO NECESSARI ....

SCHEDA / FOTO

NOTE SUPPLEMENTARI

....
....
....
....
....
....
....
....

Libro di bordo
del progetto di cucito

Libro di bordo del progetto di cucito

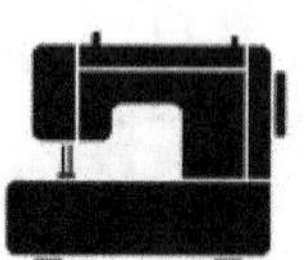

DETTAGLI

PROGETTO ....

CRCREATO PER ....

DATA INIZIO .... DATA COMPLETATA ....

ARTICOLO .... QQUANTIT ....

PREZZO .... DEPOSITO PAGATO .... SALDO PAGATO ....

MODELLO UTILIZZATO ....

MATERIALI DI CONSUMO NECESSARI ....

SCHEDA / FOTO

NOTE SUPPLEMENTARI

Traccia di taglio per registrare i progetti di cucito
- regalo perfetto per gli appassionati di cucito

Traccia di taglio per registrare i progetti di cucito
- regalo perfetto per gli appassionati di cucito

DETTAGLI

PROGETTO ....

CRCREATO PER ....

DATA INIZIO .... **DATA COMPLETATA** ....

ARTICOLO .... **QQUANTIT** ....

PREZZO .... **DEPOSITO PAGATO** .... **SALDO PAGATO** ....

MODELLO UTILIZZATO ....

MATERIALI DI CONSUMO NECESSARI ....

SCHEDA / FOTO

NOTE SUPPLEMENTARI

....
....
....
....
....
....
....
....

Libro di bordo
del progetto di cucito

Libro di bordo del progetto di cucito

DETTAGLI

PROGETTO ....

CRCREATO PER ....

DATA INIZIO .... DATA COMPLETATA ....

ARTICOLO .... QQUANTIT ....

PREZZO .... DEPOSITO PAGATO .... SALDO PAGATO ....

MODELLO UTILIZZATO ....

MATERIALI DI CONSUMO NECESSARI ....

SCHEDA / FOTO

NOTE SUPPLEMENTARI

....
....
....
....
....
....
....

Traccia di taglio per registrare i progetti di cucito
- regalo perfetto per gli appassionati di cucito

DETTAGLI

PROGETTO ....

CRCREATO PER ....

DATA INIZIO .... **DATA COMPLETATA** ....

ARTICOLO .... **QQUANTIT** ....

PREZZO .... **DEPOSITO PAGATO** .... **SALDO PAGATO** ....

MODELLO UTILIZZATO ....

MATERIALI DI CONSUMO NECESSARI ....

SCHEDA / FOTO

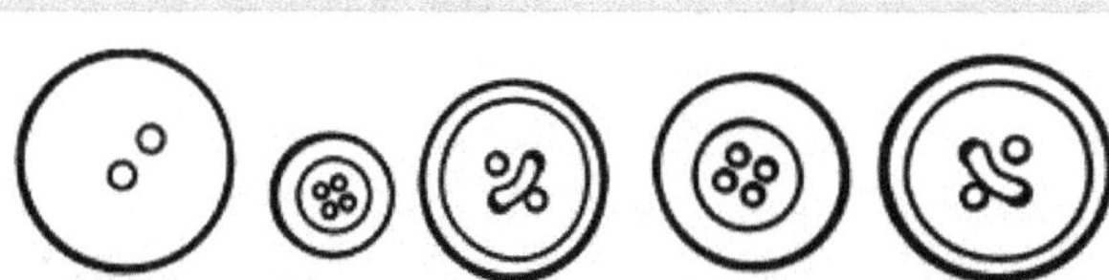

NOTE SUPPLEMENTARI

....
....
....
....
....
....
....
....

Libro di bordo
del progetto di cucito 

Libro di bordo del progetto di cucito

DETTAGLI

PROGETTO ....

CRCREATO PER ....

DATA INIZIO .... DATA COMPLETATA ....

ARTICOLO .... QQUANTIT ....

PREZZO .... DEPOSITO PAGATO .... SALDO PAGATO ....

MODELLO UTILIZZATO ....

MATERIALI DI CONSUMO NECESSARI ....

SCHEDA / FOTO

NOTE SUPPLEMENTARI

....
....
....
....
....
....
....
....

Traccia di taglio per registrare i progetti di cucito
- regalo perfetto per gli appassionati di cucito

Traccia di taglio per registrare i progetti di cucito
- regalo perfetto per gli appassionati di cucito

DETTAGLI

PROGETTO ....

CRCREATO PER ....

DATA INIZIO .... **DATA COMPLETATA** ....

ARTICOLO .... **QQUANTIT** ....

PREZZO .... **DEPOSITO PAGATO** .... **SALDO PAGATO** ....

MODELLO UTILIZZATO ....

MATERIALI DI CONSUMO NECESSARI ....

SCHEDA / FOTO

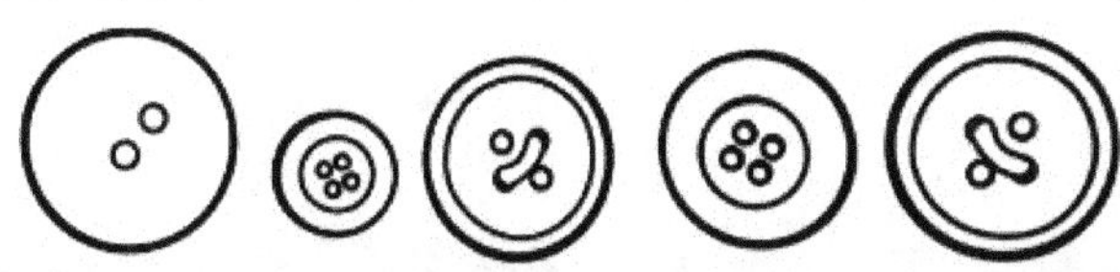

NOTE SUPPLEMENTARI

....
....
....
....
....
....
....
....

Libro di bordo
del progetto di cucito

Libro di bordo del progetto di cucito

PROGETTO ....

CRCREATO PER ....

DATA INIZIO .... **DATA COMPLETATA** ....

ARTICOLO .... **QQUANTIT** ....

PREZZO .... **DEPOSITO PAGATO** .... **SALDO PAGATO** ....

MODELLO UTILIZZATO ....

MATERIALI DI CONSUMO NECESSARI ....

....

....

....

....

....

....

Traccia di taglio per registrare i progetti di cucito
- regalo perfetto per gli appassionati di cucito

Traccia di taglio per registrare i progetti di cucito
- regalo perfetto per gli appassionati di cucito

DETTAGLI

PROGETTO ....

CRCREATO PER ....

DATA INIZIO .... DATA COMPLETATA ....

ARTICOLO .... QQUANTIT ....

PREZZO .... DEPOSITO PAGATO .... SALDO PAGATO ....

MODELLO UTILIZZATO ....

MATERIALI
DI CONSUMO NECESSARI ....

SCHEDA / FOTO

NOTE SUPPLEMENTARI

....
....
....
....
....
....
....
....

Libro di bordo
del progetto di cucito

Libro di bordo del progetto di cucito

PROGETTO ....

CRCREATO PER ....

DATA INIZIO .... **DATA COMPLETATA** ....

ARTICOLO .... **QQUANTIT** ....

PREZZO .... **DEPOSITO PAGATO** .... **SALDO PAGATO** ....

MODELLO UTILIZZATO ....

MATERIALI DI CONSUMO NECESSARI ....

....
....
....
....
....
....
....

Traccia di taglio per registrare i progetti di cucito
- regalo perfetto per gli appassionati di cucito

Traccia di taglio per registrare i progetti di cucito
- regalo perfetto per gli appassionati di cucito

DETTAGLI

PROGETTO ....

CRCREATO PER ....

DATA INIZIO .... DATA COMPLETATA ....

ARTICOLO .... QQUANTIT ....

PREZZO .... DEPOSITO PAGATO .... SALDO PAGATO ....

MODELLO UTILIZZATO ....

MATERIALI
DI CONSUMO NECESSARI ....

SCHEDA / FOTO

NOTE SUPPLEMENTARI

....
....
....
....
....
....
....

Libro di bordo
del progetto di cucito

Libro di bordo del progetto di cucito

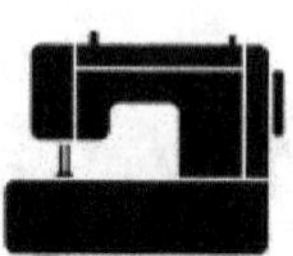

DETTAGLI

PROGETTO ....

CRCREATO PER ....

DATA INIZIO .... **DATA COMPLETATA** ....

ARTICOLO .... **QQUANTIT** ....

PREZZO .... **DEPOSITO PAGATO** .... **SALDO PAGATO** ....

MODELLO UTILIZZATO ....

MATERIALI DI CONSUMO NECESSARI ....

SCHEDA / FOTO

NOTE SUPPLEMENTARI

....
....
....
....
....
....
....

Traccia di taglio per registrare i progetti di cucito
- regalo perfetto per gli appassionati di cucito

Traccia di taglio per registrare i progetti di cucito
- regalo perfetto per gli appassionati di cucito

DETTAGLI

PROGETTO ....

CRCREATO PER ....

DATA INIZIO .... **DATA COMPLETATA** ....

ARTICOLO .... **QQUANTIT** ....

PREZZO .... **DEPOSITO PAGATO** .... **SALDO PAGATO** ....

MODELLO UTILIZZATO ....

MATERIALI DI CONSUMO NECESSARI ....

SCHEDA / FOTO

NOTE SUPPLEMENTARI

....
....
....
....
....
....
....
....

Libro di bordo
del progetto di cucito

Libro di bordo del progetto di cucito

DETTAGLI

PROGETTO ....

CRCREATO PER ....

DATA INIZIO .... DATA COMPLETATA ....

ARTICOLO .... QQUANTIT ....

PREZZO .... DEPOSITO PAGATO .... SALDO PAGATO ....

MODELLO UTILIZZATO ....

MATERIALI DI CONSUMO NECESSARI ....

SCHEDA / FOTO

NOTE SUPPLEMENTARI

....
....
....
....
....
....
....

Traccia di taglio per registrare i progetti di cucito
- regalo perfetto per gli appassionati di cucito

Traccia di taglio per registrare i progetti di cucito
- regalo perfetto per gli appassionati di cucito

DETTAGLI

PROGETTO ....

CRCREATO PER ....

DATA INIZIO .... DATA COMPLETATA ....

ARTICOLO .... QQUANTIT ....

PREZZO .... DEPOSITO PAGATO .... SALDO PAGATO ....

MODELLO UTILIZZATO ....

MATERIALI
DI CONSUMO NECESSARI ....

SCHEDA / FOTO

NOTE SUPPLEMENTARI

....
....
....
....
....
....
....
....

Libro di bordo
del progetto di cucito

Libro di bordo del progetto di cucito 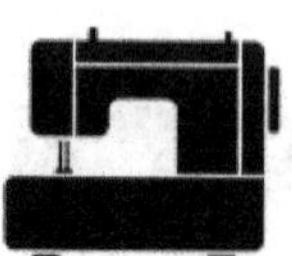

PROGETTO ....

CRCREATO PER ....

DATA INIZIO .... **DATA COMPLETATA** ....

ARTICOLO .... **QQUANTIT** ....

PREZZO .... **DEPOSITO PAGATO** .... **SALDO PAGATO** ....

MODELLO UTILIZZATO ....

MATERIALI DI CONSUMO NECESSARI ....

Traccia di taglio per registrare i progetti di cucito
- regalo perfetto per gli appassionati di cucito

Traccia di taglio per registrare i progetti di cucito
- regalo perfetto per gli appassionati di cucito

DETTAGLI

PROGETTO ....

CRCREATO PER ....

DATA INIZIO .... **DATA COMPLETATA** ....

ARTICOLO .... **QQUANTIT** ....

PREZZO .... **DEPOSITO PAGATO** .... **SALDO PAGATO** ....

MODELLO UTILIZZATO ....

MATERIALI DI CONSUMO NECESSARI ....

SCHEDA / FOTO

NOTE SUPPLEMENTARI

....
....
....
....
....
....
....
....

Libro di bordo
del progetto di cucito

Libro di bordo del progetto di cucito

DETTAGLI

PROGETTO ....

CRCREATO PER ....

DATA INIZIO .... DATA COMPLETATA ....

ARTICOLO .... QQUANTIT ....

PREZZO .... DEPOSITO PAGATO .... SALDO PAGATO ....

MODELLO UTILIZZATO ....

MATERIALI
DI CONSUMO NECESSARI ....

SCHEDA / FOTO

NOTE SUPPLEMENTARI

....
....
....
....
....
....
....

Traccia di taglio per registrare i progetti di cucito
- regalo perfetto per gli appassionati di cucito

DETTAGLI

PROGETTO ....

CRCREATO PER ....

DATA INIZIO .... **DATA COMPLETATA** ....

ARTICOLO .... **QQUANTIT** ....

PREZZO .... **DEPOSITO PAGATO** .... **SALDO PAGATO** ....

MODELLO UTILIZZATO ....

MATERIALI DI CONSUMO NECESSARI ....

SCHEDA / FOTO

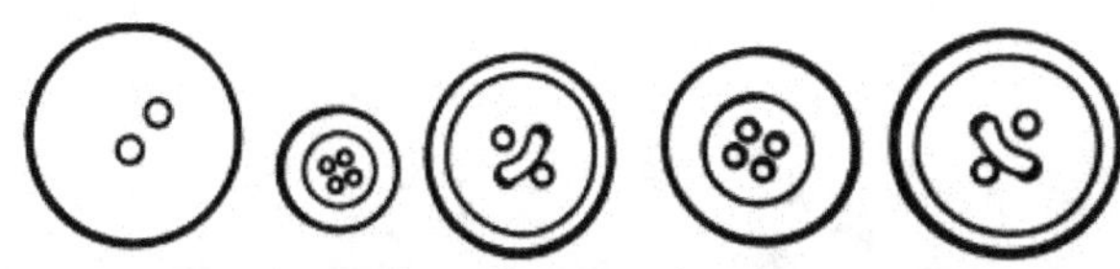

NOTE SUPPLEMENTARI

....
....
....
....
....
....
....
....

Libro di bordo
del progetto di cucito

Libro di bordo
del progetto di cucito

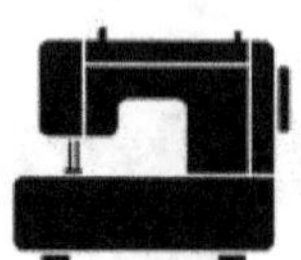

DETTAGLI

PROGETTO ....

CRCREATO PER ....

DATA INIZIO .... **DATA COMPLETATA** ....

ARTICOLO .... **QQUANTIT** ....

PREZZO .... **DEPOSITO PAGATO** .... **SALDO PAGATO** ....

MODELLO UTILIZZATO ....

MATERIALI DI CONSUMO NECESSARI ....

SCHEDA / FOTO

NOTE SUPPLEMENTARI

....
....
....
....
....
....

Traccia di taglio per registrare i progetti di cucito
- regalo perfetto per gli appassionati di cucito

DETTAGLI

PROGETTO ....

CRCREATO PER ....

DATA INIZIO .... **DATA COMPLETATA** ....

ARTICOLO .... **QQUANTIT** ....

PREZZO .... **DEPOSITO PAGATO** .... **SALDO PAGATO** ....

MODELLO UTILIZZATO ....

MATERIALI DI CONSUMO NECESSARI ....

SCHEDA / FOTO

NOTE SUPPLEMENTARI

....
....
....
....
....
....
....
....

Libro di bordo
del progetto di cucito 

Libro di bordo del progetto di cucito

DETTAGLI

PROGETTO ....

CRCREATO PER ....

DATA INIZIO .... **DATA COMPLETATA** ....

ARTICOLO .... **QQUANTIT** ....

PREZZO .... **DEPOSITO PAGATO** .... **SALDO PAGATO** ....

MODELLO UTILIZZATO ....

MATERIALI DI CONSUMO NECESSARI ....

SCHEDA / FOTO

NOTE SUPPLEMENTARI

....
....
....
....
....
....
....

Traccia di taglio per registrare i progetti di cucito
- regalo perfetto per gli appassionati di cucito

DETTAGLI

PROGETTO ....

CRCREATO PER ....

DATA INIZIO .... **DATA COMPLETATA** ....

ARTICOLO .... **QQUANTIT** ....

PREZZO .... **DEPOSITO PAGATO** .... **SALDO PAGATO** ....

MODELLO UTILIZZATO ....

MATERIALI DI CONSUMO NECESSARI ....

SCHEDA / FOTO

NOTE SUPPLEMENTARI

....
....
....
....
....
....
....
....

Libro di bordo
del progetto di cucito

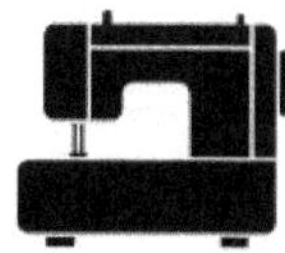

Libro di bordo
del progetto di cucito

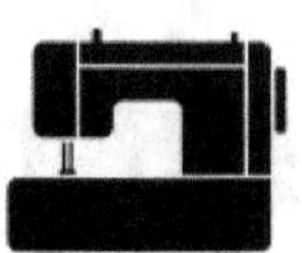

DETTAGLI

PROGETTO ....

CRCREATO PER ....

DATA INIZIO .... DATA COMPLETATA ....

ARTICOLO .... QQUANTIT ....

PREZZO .... DEPOSITO PAGATO .... SALDO PAGATO ....

MODELLO UTILIZZATO ....

MATERIALI
DI CONSUMO NECESSARI ....

SCHEDA / FOTO

NOTE SUPPLEMENTARI

....
....
....
....
....
....
....
....

Traccia di taglio per registrare i progetti di cucito
- regalo perfetto per gli appassionati di cucito

DETTAGLI

PROGETTO ....

CRCREATO PER ....

DATA INIZIO .... **DATA COMPLETATA** ....

ARTICOLO .... **QQUANTIT** ....

PREZZO .... **DEPOSITO PAGATO** .... **SALDO PAGATO** ....

MODELLO UTILIZZATO ....

MATERIALI DI CONSUMO NECESSARI ....

SCHEDA / FOTO

NOTE SUPPLEMENTARI

....
....
....
....
....
....
....
....

Libro di bordo
del progetto di cucito

Libro di bordo del progetto di cucito

DETTAGLI

PROGETTO ....

CRCREATO PER ....

DATA INIZIO .... DATA COMPLETATA ....

ARTICOLO .... QQUANTIT ....

PREZZO .... DEPOSITO PAGATO .... SALDO PAGATO ....

MODELLO UTILIZZATO ....

MATERIALI DI CONSUMO NECESSARI ....

SCHEDA / FOTO

NOTE SUPPLEMENTARI

....
....
....
....
....
....
....

Traccia di taglio per registrare i progetti di cucito
- regalo perfetto per gli appassionati di cucito

Traccia di taglio per registrare i progetti di cucito
- regalo perfetto per gli appassionati di cucito

DETTAGLI

PROGETTO ....

CRCREATO PER ....

DATA INIZIO .... **DATA COMPLETATA** ....

ARTICOLO .... **QQUANTIT** ....

PREZZO .... **DEPOSITO PAGATO** .... **SALDO PAGATO** ....

MODELLO UTILIZZATO ....

MATERIALI DI CONSUMO NECESSARI ....

SCHEDA / FOTO

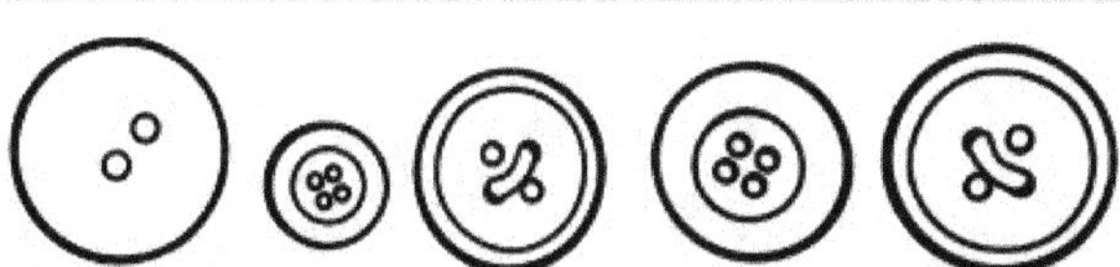

NOTE SUPPLEMENTARI

....
....
....
....
....
....
....
....

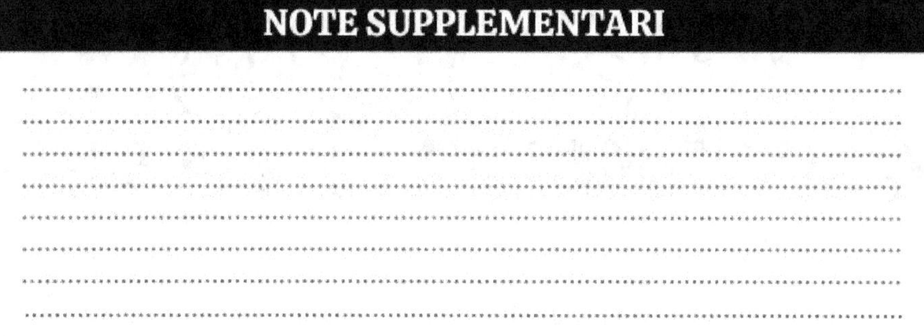

Libro di bordo
del progetto di cucito

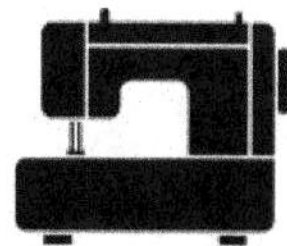

Libro di bordo del progetto di cucito

DETTAGLI

PROGETTO ....

CRCREATO PER ....

DATA INIZIO .... **DATA COMPLETATA** ....

ARTICOLO .... **QQUANTIT** ....

PREZZO .... **DEPOSITO PAGATO** .... **SALDO PAGATO** ....

MODELLO UTILIZZATO ....

MATERIALI DI CONSUMO NECESSARI ....

SCHEDA / FOTO

NOTE SUPPLEMENTARI

....
....
....
....
....
....
....
....

Traccia di taglio per registrare i progetti di cucito
- regalo perfetto per gli appassionati di cucito

Traccia di taglio per registrare i progetti di cucito
- regalo perfetto per gli appassionati di cucito

DETTAGLI

PROGETTO ....

CRCREATO PER ....

DATA INIZIO .... **DATA COMPLETATA** ....

ARTICOLO .... **QQUANTIT** ....

PREZZO .... **DEPOSITO PAGATO** .... **SALDO PAGATO** ....

MODELLO UTILIZZATO ....

MATERIALI DI CONSUMO NECESSARI ....

SCHEDA / FOTO

NOTE SUPPLEMENTARI

....
....
....
....
....
....
....
....

Libro di bordo
del progetto di cucito

Libro di bordo del progetto di cucito

DETTAGLI

PROGETTO ....

CRCREATO PER ....

DATA INIZIO .... **DATA COMPLETATA** ....

ARTICOLO .... **QQUANTIT** ....

PREZZO .... **DEPOSITO PAGATO** .... **SALDO PAGATO** ....

MODELLO UTILIZZATO ....

MATERIALI DI CONSUMO NECESSARI ....

SCHEDA / FOTO

NOTE SUPPLEMENTARI

....
....
....
....
....
....
....

Traccia di taglio per registrare i progetti di cucito
- regalo perfetto per gli appassionati di cucito

Traccia di taglio per registrare i progetti di cucito
- regalo perfetto per gli appassionati di cucito

DETTAGLI

PROGETTO ....

CRCREATO PER ....

DATA INIZIO .... DATA COMPLETATA ....

ARTICOLO .... QQUANTIT ....

PREZZO .... DEPOSITO PAGATO .... SALDO PAGATO ....

MODELLO UTILIZZATO ....

MATERIALI
DI CONSUMO NECESSARI ....

SCHEDA / FOTO

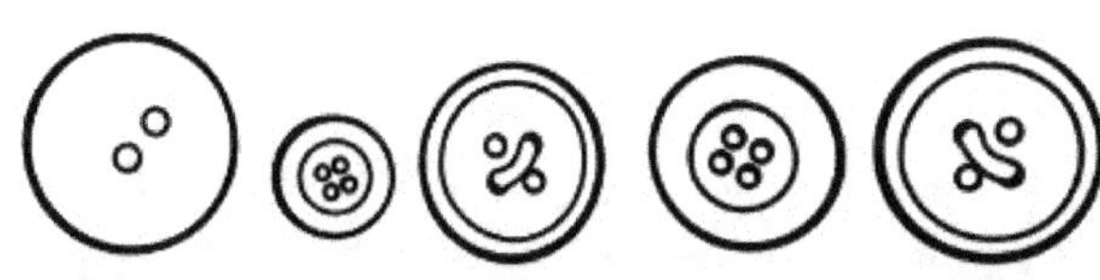

NOTE SUPPLEMENTARI

....
....
....
....
....
....
....
....

Libro di bordo
del progetto di cucito

Libro di bordo del progetto di cucito

DETTAGLI

PROGETTO ....

CRCREATO PER ....

DATA INIZIO .... DATA COMPLETATA ....

ARTICOLO .... QQUANTIT ....

PREZZO .... DEPOSITO PAGATO .... SALDO PAGATO ....

MODELLO UTILIZZATO ....

MATERIALI DI CONSUMO NECESSARI ....

SCHEDA / FOTO

NOTE SUPPLEMENTARI

....
....
....
....
....
....
....

Traccia di taglio per registrare i progetti di cucito
- regalo perfetto per gli appassionati di cucito

Traccia di taglio per registrare i progetti di cucito
- regalo perfetto per gli appassionati di cucito

DETTAGLI

PROGETTO ....

CRCREATO PER ....

DATA INIZIO .... **DATA COMPLETATA** ....

ARTICOLO .... **QQUANTIT** ....

PREZZO .... **DEPOSITO PAGATO** .... **SALDO PAGATO** ....

MODELLO UTILIZZATO ....

MATERIALI DI CONSUMO NECESSARI ....

SCHEDA / FOTO

NOTE SUPPLEMENTARI

....
....
....
....
....
....
....
....

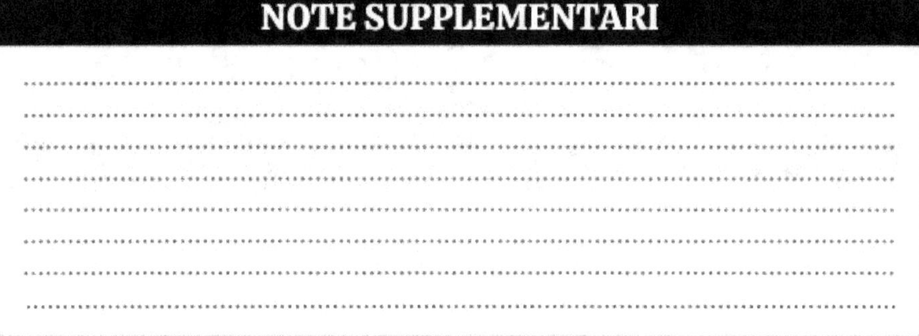

Libro di bordo
del progetto di cucito 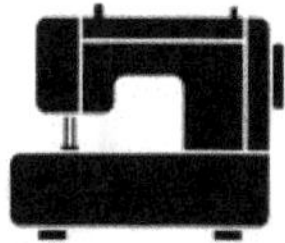

Libro di bordo del progetto di cucito

DETTAGLI

PROGETTO ....

CRCREATO PER ....

DATA INIZIO .... DATA COMPLETATA ....

ARTICOLO .... QQUANTIT ....

PREZZO .... DEPOSITO PAGATO .... SALDO PAGATO ....

MODELLO UTILIZZATO ....

MATERIALI DI CONSUMO NECESSARI ....

SCHEDA / FOTO

NOTE SUPPLEMENTARI

....
....
....
....
....
....
....

Traccia di taglio per registrare i progetti di cucito
- regalo perfetto per gli appassionati di cucito

DETTAGLI

PROGETTO ....

CRCREATO PER ....

DATA INIZIO .... **DATA COMPLETATA** ....

ARTICOLO .... **QQUANTIT** ....

PREZZO .... **DEPOSITO PAGATO** .... **SALDO PAGATO** ....

MODELLO UTILIZZATO ....

MATERIALI DI CONSUMO NECESSARI ....

SCHEDA / FOTO

NOTE SUPPLEMENTARI

....
....
....
....
....
....
....
....

Libro di bordo
del progetto di cucito

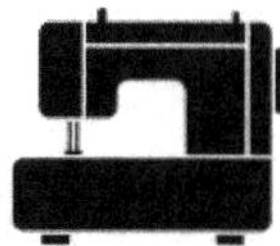

Libro di bordo del progetto di cucito

DETTAGLI

PROGETTO ....

CRCREATO PER ....

DATA INIZIO .... **DATA COMPLETATA** ....

ARTICOLO .... **QQUANTIT** ....

PREZZO .... **DEPOSITO PAGATO** .... **SALDO PAGATO** ....

MODELLO UTILIZZATO ....

MATERIALI DI CONSUMO NECESSARI ....

SCHEDA / FOTO

NOTE SUPPLEMENTARI

....
....
....
....
....
....
....
....

Traccia di taglio per registrare i progetti di cucito
- regalo perfetto per gli appassionati di cucito

DETTAGLI

PROGETTO ....

CRCREATO PER ....

DATA INIZIO .... **DATA COMPLETATA** ....

ARTICOLO .... **QQUANTIT** ....

PREZZO .... **DEPOSITO PAGATO** .... **SALDO PAGATO** ....

MODELLO UTILIZZATO ....

MATERIALI DI CONSUMO NECESSARI ....

SCHEDA / FOTO

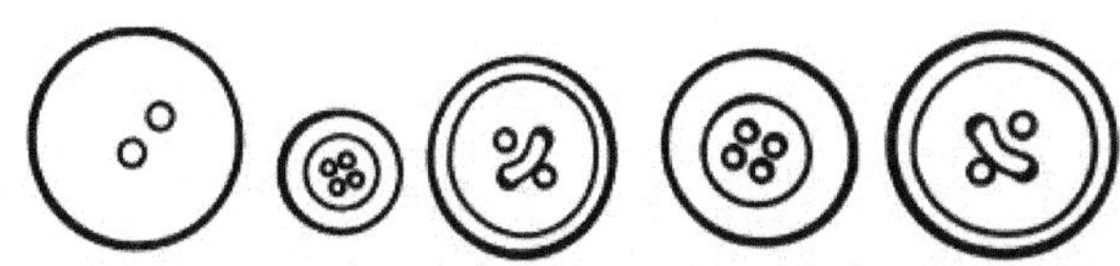

NOTE SUPPLEMENTARI

....
....
....
....
....
....
....
....

Libro di bordo
del progetto di cucito 

Libro di bordo del progetto di cucito

DETTAGLI

PROGETTO ....

CRCREATO PER ....

DATA INIZIO .... DATA COMPLETATA ....

ARTICOLO .... QQUANTIT ....

PREZZO ....   DEPOSITO PAGATO ....   SALDO PAGATO ....

MODELLO UTILIZZATO ....

MATERIALI DI CONSUMO NECESSARI ....

SCHEDA / FOTO

NOTE SUPPLEMENTARI

....

....

....

....

....

....

....

Traccia di taglio per registrare i progetti di cucito
- regalo perfetto per gli appassionati di cucito

DETTAGLI

PROGETTO ....

CRCREATO PER ....

DATA INIZIO .... **DATA COMPLETATA** ....

ARTICOLO .... **QQUANTIT** ....

PREZZO .... **DEPOSITO PAGATO** .... **SALDO PAGATO** ....

MODELLO UTILIZZATO ....

MATERIALI DI CONSUMO NECESSARI ....

SCHEDA / FOTO

NOTE SUPPLEMENTARI

....
....
....
....
....
....
....
....

Libro di bordo
del progetto di cucito 

Libro di bordo del progetto di cucito

DETTAGLI

PROGETTO ....

CRCREATO PER ....

DATA INIZIO .... DATA COMPLETATA ....

ARTICOLO .... QQUANTIT ....

PREZZO .... DEPOSITO PAGATO .... SALDO PAGATO ....

MODELLO UTILIZZATO ....

MATERIALI DI CONSUMO NECESSARI ....

SCHEDA / FOTO

NOTE SUPPLEMENTARI

....
....
....
....
....
....
....
....

Traccia di taglio per registrare i progetti di cucito
- regalo perfetto per gli appassionati di cucito

DETTAGLI

PROGETTO ....

CRCREATO PER ....

DATA INIZIO .... DATA COMPLETATA ....

ARTICOLO .... QQUANTIT ....

PREZZO .... DEPOSITO PAGATO .... SALDO PAGATO ....

MODELLO UTILIZZATO ....

MATERIALI DI CONSUMO NECESSARI ....

SCHEDA / FOTO

NOTE SUPPLEMENTARI

....
....
....
....
....
....
....
....

Libro di bordo
del progetto di cucito

Libro di bordo
del progetto di cucito

DETTAGLI

PROGETTO ....

CRCREATO PER ....

DATA INIZIO .... DATA COMPLETATA ....

ARTICOLO .... QQUANTIT ....

PREZZO .... DEPOSITO PAGATO .... SALDO PAGATO ....

MODELLO UTILIZZATO ....

MATERIALI DI CONSUMO NECESSARI ....

SCHEDA / FOTO

NOTE SUPPLEMENTARI

....
....
....
....
....
....
....
....

Traccia di taglio per registrare i progetti di cucito
- regalo perfetto per gli appassionati di cucito

DETTAGLI

PROGETTO ....

CRCREATO PER ....

DATA INIZIO .... **DATA COMPLETATA** ....

ARTICOLO .... **QQUANTIT** ....

PREZZO .... **DEPOSITO PAGATO** .... **SALDO PAGATO** ....

MODELLO UTILIZZATO ....

MATERIALI DI CONSUMO NECESSARI ....

SCHEDA / FOTO

NOTE SUPPLEMENTARI

....
....
....
....
....
....
....

Libro di bordo
del progetto di cucito

Libro di bordo del progetto di cucito

DETTAGLI

PROGETTO ....

CRCREATO PER ....

DATA INIZIO .... DATA COMPLETATA ....

ARTICOLO .... QQUANTIT ....

PREZZO .... DEPOSITO PAGATO .... SALDO PAGATO ....

MODELLO UTILIZZATO ....

MATERIALI DI CONSUMO NECESSARI ....

SCHEDA / FOTO

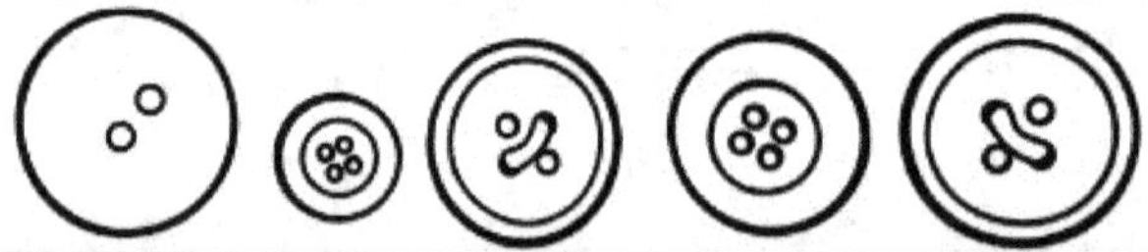

NOTE SUPPLEMENTARI

....
....
....
....
....
....
....

Traccia di taglio per registrare i progetti di cucito
- regalo perfetto per gli appassionati di cucito

Traccia di taglio per registrare i progetti di cucito
- regalo perfetto per gli appassionati di cucito

DETTAGLI

PROGETTO ....

CRCREATO PER ....

DATA INIZIO .... DATA COMPLETATA ....

ARTICOLO .... QQUANTIT ....

PREZZO .... DEPOSITO PAGATO .... SALDO PAGATO ....

MODELLO UTILIZZATO ....

MATERIALI
DI CONSUMO NECESSARI ....

SCHEDA / FOTO

NOTE SUPPLEMENTARI

....
....
....
....
....
....
....
....

Libro di bordo
del progetto di cucito

Libro di bordo
del progetto di cucito

DETTAGLI

PROGETTO ....

CRCREATO PER ....

DATA INIZIO .... **DATA COMPLETATA** ....

ARTICOLO .... **QQUANTIT** ....

PREZZO .... **DEPOSITO PAGATO** .... **SALDO PAGATO** ....

MODELLO UTILIZZATO ....

**MATERIALI
DI CONSUMO NECESSARI** ....

SCHEDA / FOTO

NOTE SUPPLEMENTARI

....
....
....
....
....
....
....
....

Traccia di taglio per registrare i progetti di cucito
- regalo perfetto per gli appassionati di cucito

Traccia di taglio per registrare i progetti di cucito
- regalo perfetto per gli appassionati di cucito

DETTAGLI

PROGETTO ....

CRCREATO PER ....

DATA INIZIO .... **DATA COMPLETATA** ....

ARTICOLO .... **QQUANTIT** ....

PREZZO .... **DEPOSITO PAGATO** .... **SALDO PAGATO** ....

MODELLO UTILIZZATO ....

MATERIALI DI CONSUMO NECESSARI ....

SCHEDA / FOTO

NOTE SUPPLEMENTARI

Libro di bordo
del progetto di cucito

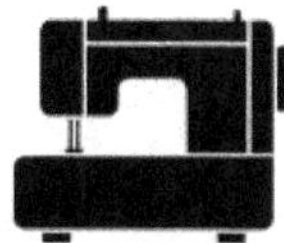

Libro di bordo del progetto di cucito

PROGETTO ....

CRCREATO PER ....

DATA INIZIO .... **DATA COMPLETATA** ....

ARTICOLO .... **QQUANTIT** ....

PREZZO .... **DEPOSITO PAGATO** .... **SALDO PAGATO** ....

MODELLO UTILIZZATO ....

MATERIALI DI CONSUMO NECESSARI ....

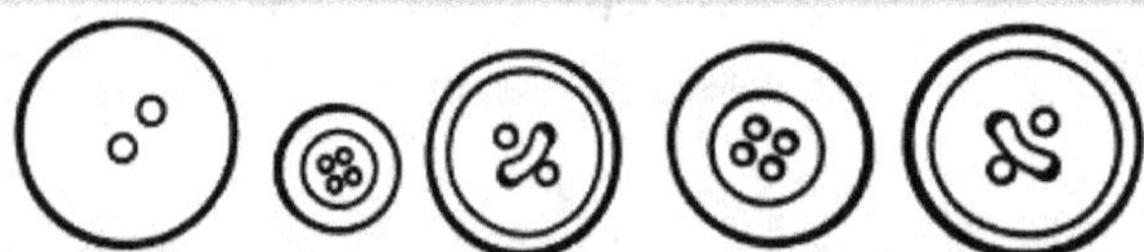

....
....
....
....
....
....
....

Traccia di taglio per registrare i progetti di cucito
- regalo perfetto per gli appassionati di cucito

Traccia di taglio per registrare i progetti di cucito
- regalo perfetto per gli appassionati di cucito

DETTAGLI

PROGETTO ....

CRCREATO PER ....

DATA INIZIO .... **DATA COMPLETATA** ....

ARTICOLO .... **QQUANTIT** ....

PREZZO .... **DEPOSITO PAGATO** .... **SALDO PAGATO** ....

MODELLO UTILIZZATO ....

MATERIALI DI CONSUMO NECESSARI ....

SCHEDA / FOTO

NOTE SUPPLEMENTARI

....
....
....
....
....
....
....
....

Libro di bordo
del progetto di cucito 

Libro di bordo del progetto di cucito

DETTAGLI

PROGETTO ....

CRCREATO PER ....

DATA INIZIO .... DATA COMPLETATA ....

ARTICOLO .... QQUANTIT ....

PREZZO .... DEPOSITO PAGATO .... SALDO PAGATO ....

MODELLO UTILIZZATO ....

MATERIALI DI CONSUMO NECESSARI ....

SCHEDA / FOTO

NOTE SUPPLEMENTARI

Traccia di taglio per registrare i progetti di cucito
- regalo perfetto per gli appassionati di cucito

Traccia di taglio per registrare i progetti di cucito
- regalo perfetto per gli appassionati di cucito

DETTAGLI

PROGETTO ....

CRCREATO PER ....

DATA INIZIO .... **DATA COMPLETATA** ....

ARTICOLO .... **QQUANTIT** ....

PREZZO .... **DEPOSITO PAGATO** .... **SALDO PAGATO** ....

MODELLO UTILIZZATO ....

MATERIALI DI CONSUMO NECESSARI ....

SCHEDA / FOTO

NOTE SUPPLEMENTARI

....
....
....
....
....
....
....
....

Libro di bordo
del progetto di cucito

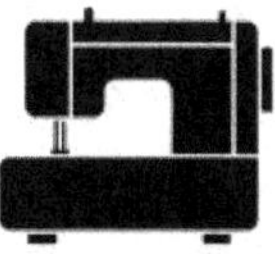

Libro di bordo del progetto di cucito

DETTAGLI

PROGETTO ....

CRCREATO PER ....

DATA INIZIO .... DATA COMPLETATA ....

ARTICOLO .... QQUANTIT ....

PREZZO .... DEPOSITO PAGATO .... SALDO PAGATO ....

MODELLO UTILIZZATO ....

MATERIALI DI CONSUMO NECESSARI ....

SCHEDA / FOTO

NOTE SUPPLEMENTARI

Traccia di taglio per registrare i progetti di cucito
- regalo perfetto per gli appassionati di cucito

Traccia di taglio per registrare i progetti di cucito
- regalo perfetto per gli appassionati di cucito

DETTAGLI

PROGETTO ....

CRCREATO PER ....

DATA INIZIO .... DATA COMPLETATA ....

ARTICOLO .... QQUANTIT ....

PREZZO .... DEPOSITO PAGATO .... SALDO PAGATO ....

MODELLO UTILIZZATO ....

MATERIALI
DI CONSUMO NECESSARI ....

SCHEDA / FOTO

NOTE SUPPLEMENTARI

....
....
....
....
....
....
....
....

Libro di bordo
del progetto di cucito

Libro di bordo del progetto di cucito

DETTAGLI

PROGETTO ....

CRCREATO PER ....

DATA INIZIO .... DATA COMPLETATA ....

ARTICOLO .... QQUANTIT ....

PREZZO .... DEPOSITO PAGATO .... SALDO PAGATO ....

MODELLO UTILIZZATO ....

MATERIALI DI CONSUMO NECESSARI ....

SCHEDA / FOTO

NOTE SUPPLEMENTARI

....
....
....
....
....
....
....

Traccia di taglio per registrare i progetti di cucito
- regalo perfetto per gli appassionati di cucito

DETTAGLI

PROGETTO ....

CRCREATO PER ....

DATA INIZIO .... **DATA COMPLETATA** ....

ARTICOLO .... **QQUANTIT** ....

PREZZO .... **DEPOSITO PAGATO** .... **SALDO PAGATO** ....

MODELLO UTILIZZATO ....

MATERIALI DI CONSUMO NECESSARI ....

SCHEDA / FOTO

NOTE SUPPLEMENTARI

....
....
....
....
....
....
....
....

Libro di bordo
del progetto di cucito 

Libro di bordo del progetto di cucito

DETTAGLI

PROGETTO ....

CRCREATO PER ....

DATA INIZIO .... **DATA COMPLETATA** ....

ARTICOLO .... **QQUANTIT** ....

PREZZO .... **DEPOSITO PAGATO** .... **SALDO PAGATO** ....

MODELLO UTILIZZATO ....

MATERIALI DI CONSUMO NECESSARI ....

SCHEDA / FOTO

NOTE SUPPLEMENTARI

Traccia di taglio per registrare i progetti di cucito
- regalo perfetto per gli appassionati di cucito

DETTAGLI

PROGETTO ....

CRCREATO PER ....

DATA INIZIO .... **DATA COMPLETATA** ....

ARTICOLO .... **QQUANTIT** ....

PREZZO .... **DEPOSITO PAGATO** .... **SALDO PAGATO** ....

MODELLO UTILIZZATO ....

MATERIALI DI CONSUMO NECESSARI ....

SCHEDA / FOTO

NOTE SUPPLEMENTARI

....
....
....
....
....
....
....
....

Libro di bordo
del progetto di cucito

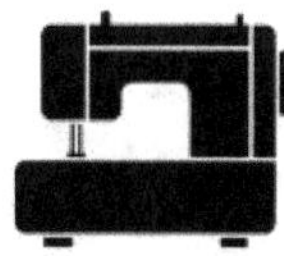

Libro di bordo del progetto di cucito

DETTAGLI

PROGETTO ....

CRCREATO PER ....

DATA INIZIO .... DATA COMPLETATA ....

ARTICOLO .... QQUANTIT ....

PREZZO .... DEPOSITO PAGATO .... SALDO PAGATO ....

MODELLO UTILIZZATO ....

MATERIALI DI CONSUMO NECESSARI ....

SCHEDA / FOTO

NOTE SUPPLEMENTARI

....
....
....
....
....
....
....
....

Traccia di taglio per registrare i progetti di cucito
- regalo perfetto per gli appassionati di cucito

Traccia di taglio per registrare i progetti di cucito
- regalo perfetto per gli appassionati di cucito

DETTAGLI

PROGETTO ....

CRCREATO PER ....

DATA INIZIO .... DATA COMPLETATA ....

ARTICOLO .... QQUANTIT ....

PREZZO .... DEPOSITO PAGATO .... SALDO PAGATO ....

MODELLO UTILIZZATO ....

MATERIALI
DI CONSUMO NECESSARI ....

SCHEDA / FOTO

NOTE SUPPLEMENTARI

....
....
....
....
....
....
....
....

Libro di bordo
del progetto di cucito

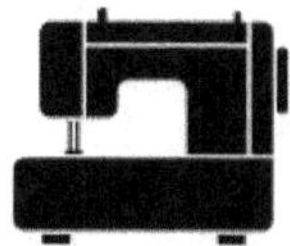

Libro di bordo del progetto di cucito

DETTAGLI

PROGETTO ....

CRCREATO PER ....

DATA INIZIO .... **DATA COMPLETATA** ....

ARTICOLO .... **QQUANTIT** ....

PREZZO .... **DEPOSITO PAGATO** .... **SALDO PAGATO** ....

MODELLO UTILIZZATO ....

MATERIALI DI CONSUMO NECESSARI ....

SCHEDA / FOTO

NOTE SUPPLEMENTARI

....
....
....
....
....
....
....

Traccia di taglio per registrare i progetti di cucito
- regalo perfetto per gli appassionati di cucito

DETTAGLI

PROGETTO ....

CRCREATO PER ....

DATA INIZIO .... **DATA COMPLETATA** ....

ARTICOLO .... **QQUANTIT** ....

PREZZO .... **DEPOSITO PAGATO** .... **SALDO PAGATO** ....

MODELLO UTILIZZATO ....

MATERIALI DI CONSUMO NECESSARI ....

SCHEDA / FOTO

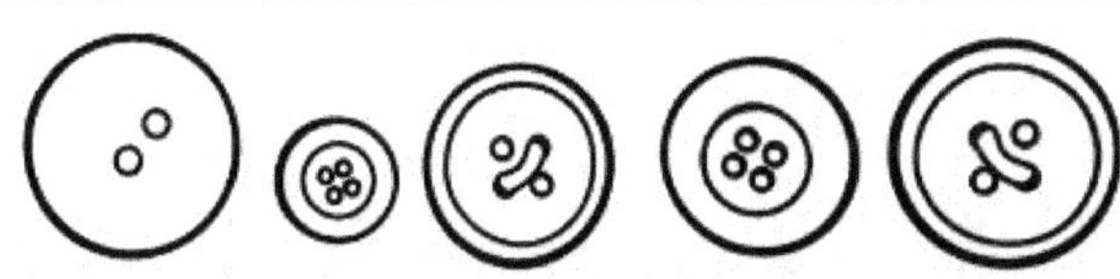

NOTE SUPPLEMENTARI

....
....
....
....
....
....
....
....

Libro di bordo
del progetto di cucito 

Libro di bordo del progetto di cucito

PROGETTO ....

CRCREATO PER ....

DATA INIZIO .... DATA COMPLETATA ....

ARTICOLO .... QQUANTIT ....

PREZZO .... DEPOSITO PAGATO .... SALDO PAGATO ....

MODELLO UTILIZZATO ....

MATERIALI
DI CONSUMO NECESSARI ....

SCHEDA / FOTO

NOTE SUPPLEMENTARI

....
....
....
....
....
....
....
....

Traccia di taglio per registrare i progetti di cucito
- regalo perfetto per gli appassionati di cucito

DETTAGLI

PROGETTO ....

CRCREATO PER ....

DATA INIZIO .... **DATA COMPLETATA** ....

ARTICOLO .... **QQUANTIT** ....

PREZZO .... **DEPOSITO PAGATO** .... **SALDO PAGATO** ....

MODELLO UTILIZZATO ....

MATERIALI DI CONSUMO NECESSARI ....

SCHEDA / FOTO

NOTE SUPPLEMENTARI

....
....
....
....
....
....
....
....

Libro di bordo
del progetto di cucito

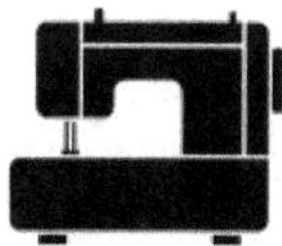

Libro di bordo del progetto di cucito

DETTAGLI

PROGETTO ....

CRCREATO PER ....

DATA INIZIO .... DATA COMPLETATA ....

ARTICOLO .... QQUANTIT ....

PREZZO .... DEPOSITO PAGATO .... SALDO PAGATO ....

MODELLO UTILIZZATO ....

MATERIALI
DI CONSUMO NECESSARI ....

SCHEDA / FOTO

NOTE SUPPLEMENTARI

....
....
....
....
....
....
....

Traccia di taglio per registrare i progetti di cucito
- regalo perfetto per gli appassionati di cucito

Traccia di taglio per registrare i progetti di cucito
- regalo perfetto per gli appassionati di cucito

DETTAGLI

PROGETTO ....

CRCREATO PER ....

DATA INIZIO .... **DATA COMPLETATA** ....

ARTICOLO .... **QQUANTIT** ....

PREZZO .... **DEPOSITO PAGATO** .... **SALDO PAGATO** ....

MODELLO UTILIZZATO ....

MATERIALI DI CONSUMO NECESSARI ....

SCHEDA / FOTO

NOTE SUPPLEMENTARI

....
....
....
....
....
....
....

Libro di bordo
del progetto di cucito

Libro di bordo del progetto di cucito

DETTAGLI

PROGETTO ....

CRCREATO PER ....

DATA INIZIO .... DATA COMPLETATA ....

ARTICOLO .... QQUANTIT ....

PREZZO .... DEPOSITO PAGATO .... SALDO PAGATO ....

MODELLO UTILIZZATO ....

MATERIALI
DI CONSUMO NECESSARI ....

SCHEDA / FOTO

NOTE SUPPLEMENTARI

....
....
....
....
....
....
....

Traccia di taglio per registrare i progetti di cucito
- regalo perfetto per gli appassionati di cucito

DETTAGLI

PROGETTO ....

CRCREATO PER ....

DATA INIZIO .... **DATA COMPLETATA** ....

ARTICOLO .... **QQUANTIT** ....

PREZZO .... **DEPOSITO PAGATO** .... **SALDO PAGATO** ....

MODELLO UTILIZZATO ....

MATERIALI DI CONSUMO NECESSARI ....

SCHEDA / FOTO

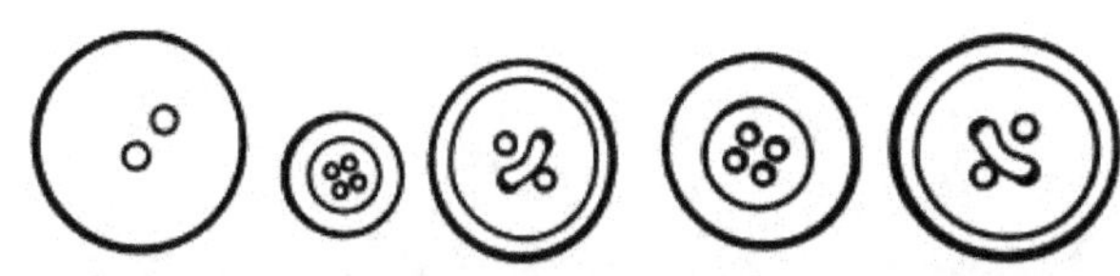

NOTE SUPPLEMENTARI

....
....
....
....
....
....
....

Libro di bordo
del progetto di cucito 

Libro di bordo del progetto di cucito

DETTAGLI

PROGETTO ....

CRCREATO PER ....

DATA INIZIO .... **DATA COMPLETATA** ....

ARTICOLO .... **QQUANTIT** ....

PREZZO .... **DEPOSITO PAGATO** .... **SALDO PAGATO** ....

MODELLO UTILIZZATO ....

MATERIALI DI CONSUMO NECESSARI ....

SCHEDA / FOTO

NOTE SUPPLEMENTARI

....
....
....
....
....
....
....
....

Traccia di taglio per registrare i progetti di cucito
- regalo perfetto per gli appassionati di cucito

Traccia di taglio per registrare i progetti di cucito
- regalo perfetto per gli appassionati di cucito

DETTAGLI

PROGETTO ....

CRCREATO PER ....

DATA INIZIO .... **DATA COMPLETATA** ....

ARTICOLO .... **QQUANTIT** ....

PREZZO .... **DEPOSITO PAGATO** .... **SALDO PAGATO** ....

MODELLO UTILIZZATO ....

MATERIALI DI CONSUMO NECESSARI ....

SCHEDA / FOTO

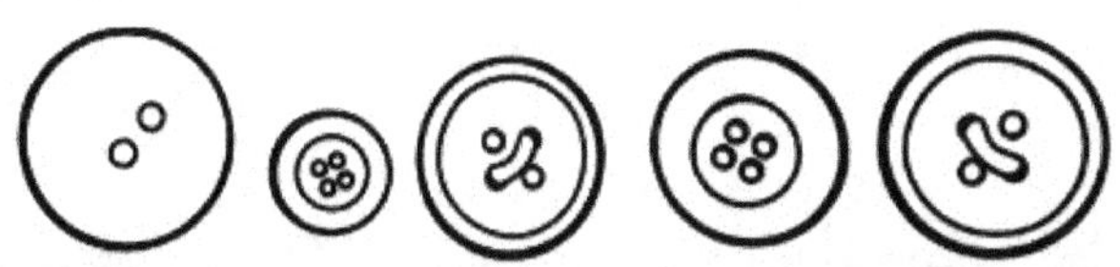

NOTE SUPPLEMENTARI

....
....
....
....
....
....
....
....

Libro di bordo
del progetto di cucito

Libro di bordo del progetto di cucito

DETTAGLI

PROGETTO ....

CRCREATO PER ....

DATA INIZIO .... DATA COMPLETATA ....

ARTICOLO .... QQUANTIT ....

PREZZO .... DEPOSITO PAGATO .... SALDO PAGATO ....

MODELLO UTILIZZATO ....

MATERIALI DI CONSUMO NECESSARI ....

SCHEDA / FOTO

NOTE SUPPLEMENTARI

....
....
....
....
....
....
....

Traccia di taglio per registrare i progetti di cucito
- regalo perfetto per gli appassionati di cucito

Traccia di taglio per registrare i progetti di cucito
- regalo perfetto per gli appassionati di cucito

DETTAGLI

PROGETTO ....

CRCREATO PER ....

DATA INIZIO .... DATA COMPLETATA ....

ARTICOLO .... QQUANTIT ....

PREZZO .... **DEPOSITO PAGATO** .... **SALDO PAGATO** ....

MODELLO UTILIZZATO ....

MATERIALI
DI CONSUMO NECESSARI ....

SCHEDA / FOTO

NOTE SUPPLEMENTARI

....
....
....
....
....
....
....
....

Libro di bordo
del progetto di cucito

Libro di bordo del progetto di cucito

DETTAGLI

PROGETTO ....

CRCREATO PER ....

DATA INIZIO .... DATA COMPLETATA ....

ARTICOLO .... QQUANTIT ....

PREZZO .... DEPOSITO PAGATO .... SALDO PAGATO ....

MODELLO UTILIZZATO ....

MATERIALI DI CONSUMO NECESSARI ....

SCHEDA / FOTO

NOTE SUPPLEMENTARI

....
....
....
....
....
....
....
....

Traccia di taglio per registrare i progetti di cucito
- regalo perfetto per gli appassionati di cucito

DETTAGLI

PROGETTO ....

CRCREATO PER ....

DATA INIZIO .... **DATA COMPLETATA** ....

ARTICOLO .... **QQUANTIT** ....

PREZZO .... **DEPOSITO PAGATO** .... **SALDO PAGATO** ....

MODELLO UTILIZZATO ....

MATERIALI DI CONSUMO NECESSARI ....

SCHEDA / FOTO

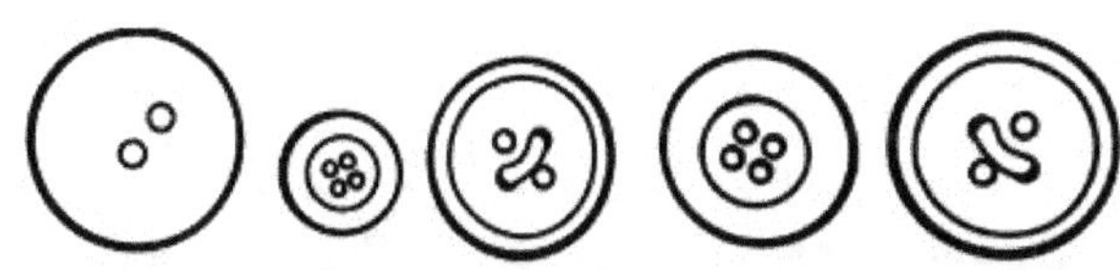

NOTE SUPPLEMENTARI

....
....
....
....
....
....
....
....

Libro di bordo
del progetto di cucito 

Libro di bordo
del progetto di cucito

DETTAGLI

PROGETTO ....

CRCREATO PER ....

DATA INIZIO .... DATA COMPLETATA ....

ARTICOLO .... QQUANTIT ....

PREZZO .... DEPOSITO PAGATO .... SALDO PAGATO ....

MODELLO UTILIZZATO ....

MATERIALI
DI CONSUMO NECESSARI ....

SCHEDA / FOTO

NOTE SUPPLEMENTARI

....
....
....
....
....
....
....
....

Traccia di taglio per registrare i progetti di cucito
- regalo perfetto per gli appassionati di cucito

DETTAGLI

PROGETTO ....

CRCREATO PER ....

DATA INIZIO .... **DATA COMPLETATA** ....

ARTICOLO .... **QQUANTIT** ....

PREZZO .... **DEPOSITO PAGATO** .... **SALDO PAGATO** ....

MODELLO UTILIZZATO ....

MATERIALI DI CONSUMO NECESSARI ....

SCHEDA / FOTO

NOTE SUPPLEMENTARI

....
....
....
....
....
....
....
....

Libro di bordo
del progetto di cucito

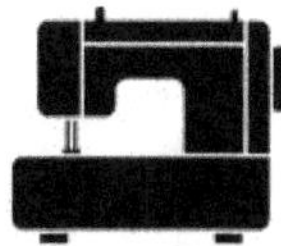

Libro di bordo del progetto di cucito

DETTAGLI

PROGETTO ....

CRCREATO PER ....

DATA INIZIO .... DATA COMPLETATA ....

ARTICOLO .... QQUANTIT ....

PREZZO .... DEPOSITO PAGATO .... SALDO PAGATO ....

MODELLO UTILIZZATO ....

MATERIALI DI CONSUMO NECESSARI ....

SCHEDA / FOTO

NOTE SUPPLEMENTARI

....
....
....
....
....
....

Traccia di taglio per registrare i progetti di cucito
- regalo perfetto per gli appassionati di cucito

Traccia di taglio per registrare i progetti di cucito
- regalo perfetto per gli appassionati di cucito

DETTAGLI

PROGETTO ....

CRCREATO PER ....

DATA INIZIO .... **DATA COMPLETATA** ....

ARTICOLO .... **QQUANTIT** ....

PREZZO .... **DEPOSITO PAGATO** .... **SALDO PAGATO** ....

MODELLO UTILIZZATO ....

MATERIALI DI CONSUMO NECESSARI ....

SCHEDA / FOTO

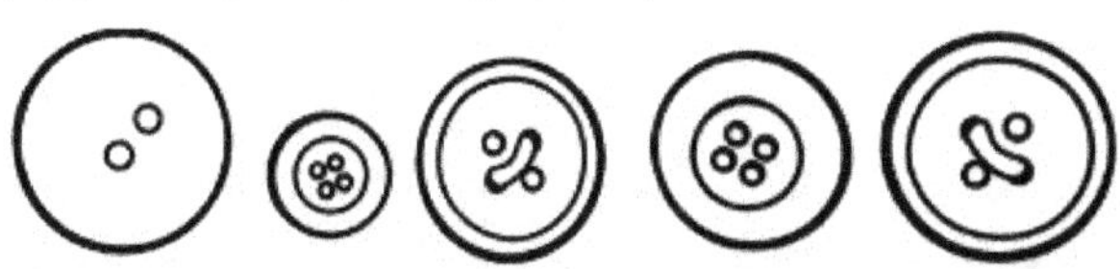

NOTE SUPPLEMENTARI

....
....
....
....
....
....
....
....

Libro di bordo
del progetto di cucito

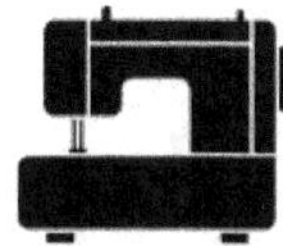

Libro di bordo del progetto di cucito

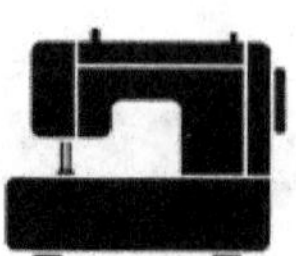

DETTAGLI

PROGETTO ....

CRCREATO PER ....

DATA INIZIO .... DATA COMPLETATA ....

ARTICOLO .... QQUANTIT ....

PREZZO .... DEPOSITO PAGATO .... SALDO PAGATO ....

MODELLO UTILIZZATO ....

MATERIALI DI CONSUMO NECESSARI ....

SCHEDA / FOTO

NOTE SUPPLEMENTARI

....
....
....
....
....
....
....

Traccia di taglio per registrare i progetti di cucito
- regalo perfetto per gli appassionati di cucito

DETTAGLI

PROGETTO ....

CRCREATO PER ....

DATA INIZIO .... **DATA COMPLETATA** ....

ARTICOLO .... **QQUANTIT** ....

PREZZO .... **DEPOSITO PAGATO** .... **SALDO PAGATO** ....

MODELLO UTILIZZATO ....

MATERIALI DI CONSUMO NECESSARI ....

SCHEDA / FOTO

NOTE SUPPLEMENTARI

....
....
....
....
....
....
....
....

Libro di bordo
del progetto di cucito

Libro di bordo del progetto di cucito

DETTAGLI

PROGETTO ....

CRCREATO PER ....

DATA INIZIO .... DATA COMPLETATA ....

ARTICOLO .... QQUANTIT ....

PREZZO .... DEPOSITO PAGATO .... SALDO PAGATO ....

MODELLO UTILIZZATO ....

MATERIALI DI CONSUMO NECESSARI ....

SCHEDA / FOTO

NOTE SUPPLEMENTARI

Traccia di taglio per registrare i progetti di cucito
- regalo perfetto per gli appassionati di cucito

DETTAGLI

PROGETTO ....

CRCREATO PER ....

DATA INIZIO .... **DATA COMPLETATA** ....

ARTICOLO .... **QQUANTIT** ....

PREZZO .... **DEPOSITO PAGATO** .... **SALDO PAGATO** ....

MODELLO UTILIZZATO ....

MATERIALI DI CONSUMO NECESSARI ....

SCHEDA / FOTO

NOTE SUPPLEMENTARI

....
....
....
....
....
....
....
....

Libro di bordo
del progetto di cucito

Libro di bordo del progetto di cucito

DETTAGLI

PROGETTO ....

CRCREATO PER ....

DATA INIZIO .... DATA COMPLETATA ....

ARTICOLO .... QQUANTIT ....

PREZZO .... DEPOSITO PAGATO .... SALDO PAGATO ....

MODELLO UTILIZZATO ....

MATERIALI DI CONSUMO NECESSARI ....

SCHEDA / FOTO

NOTE SUPPLEMENTARI

Traccia di taglio per registrare i progetti di cucito
- regalo perfetto per gli appassionati di cucito

DETTAGLI

PROGETTO ....

CRCREATO PER ....

DATA INIZIO .... **DATA COMPLETATA** ....

ARTICOLO .... **QQUANTIT** ....

PREZZO .... **DEPOSITO PAGATO** .... **SALDO PAGATO** ....

MODELLO UTILIZZATO ....

MATERIALI DI CONSUMO NECESSARI ....

SCHEDA / FOTO

NOTE SUPPLEMENTARI

....
....
....
....
....
....
....
....

Libro di bordo
del progetto di cucito